옛날, 어느 마을에 게으른 남자가 살고 있었습니다.
어느 겨울 날, 남자는 멍하니 하늘을 바라보고 있었습니다.
그런데 갑자기 웬 도사가 나타나,
"너에게 신기한 열매를 주겠다. 이 열매 1개를 구워 먹으면
1년 동안 아무것도 먹지 않아도 배가 고프지 않을 것이다.
또 이 열매 1개를 땅에 심으면
내년 가을에는 반드시 열매를 맺어 2개가 될 것이다." 하며,
신기한 열매 2개를 주었습니다.

신기한 열매

안노 미쓰마사 글·그림/박정선 옮김

김성기 감수

 비룡소

남자는 열매 1개를 구워 먹었습니다.
황금빛이었던 열매는 구우니까 빨갛게 변했습니다.
빨간 열매는 너무 맛있었습니다.
그리고 도사의 말대로 배가 아주 불렀습니다.

남자는 남은 열매 1개를
땅에 심었습니다.

봄이 되자 귀여운 싹이 돋았습니다.

여름에는 예쁜 꽃이 피었고

2

가을에는 도사의 말대로 탐스러운 열매 2개가 열렸습니다.

겨울이 되자 남자는 열매 1개를 구워 먹고,
나머지 1개는 땅에 심었습니다.

봄이 되자 귀여운 싹이 돋기 시작했습니다.

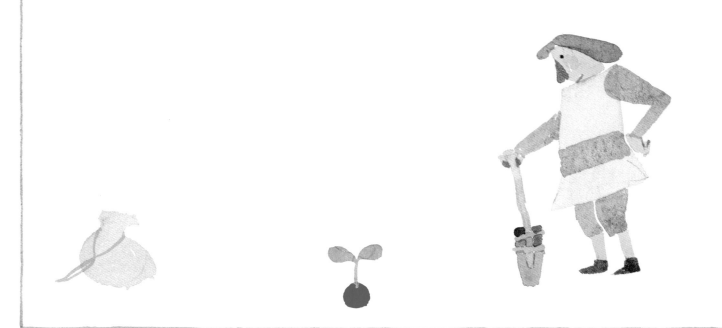

여름이 되자 예쁜 꽃이 피었고

가을에는 열매 2개가 열렸습니다.

겨울이 되자 남자는 열매 1개를 구워 먹고,
나머지 1개는 땅에 심었습니다.

이듬해에도 마찬가지로 꽃이 피고
탐스러운 열매 2개가 열렸습니다.
남자는 다시 열매 1개를 구워 먹고, 나머지 1개는 땅에 심었습니다.

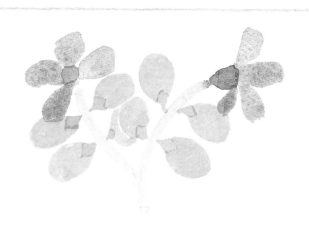

그 이듬해에도 마찬가지로 꽃이 피고
탐스러운 열매 2개가 열렸습니다.
남자는 또 1개를 구워 먹고, 나머지 1개는 땅에 심었습니다.

이듬해에도 역시 꽃이 피고
탐스러운 열매 2개가 열렸습니다.
남자는 또 1개를 구워 먹고, 나머지 1개는 땅에 심었습니다.

그 이듬해에도 꽃이 피고
탐스러운 열매 2개가 열렸습니다.
남자는 또 1개를 구워 먹고, 나머지 1개는 땅에 심었습니다.

남자는 그때서야 깨달았습니다.
"이대로 간다면 언제까지나 똑같을 거야.
그래, 올해는 열매 2개를 다 심어 보자."

그해 겨울, 남자는 소중하게 보관해 놓았던
열매 2개를 심었습니다.

이듬해(1년째)에는 어떻게 되었을까요?
봄에는 싹이 나고
가을에는 열매 4개가 열렸습니다.

남자는 열매 1개를 구워 먹고,
나머지 3개를 땅에 심었습니다.

이듬해(2년째)에는 어떻게 되었을까요?

← 딱딱이

봄에는 싹이 나고
가을에는 열매 6개가 열렸습니다.

남자는 열매 1개를 구워 먹고,
나머지 5개를 땅에 심었습니다.
그리고 참새나 까마귀가 쪼아 먹지 못하도록
새를 쫓는 장치 '딱딱이'를 만들었습니다.
바람이 불면 "딱, 딱" 소리가 났기 때문에
참새들은 놀라 달아났습니다.

그러면, 다음 가을에는
열매를 몇 개 얻을 수 있을까요?

이듬해(3년째)에는 어떻게 되었을까요?

봄에는 싹이 나고
가을에는 열매 10개가 열렸습니다.
겨울에 남자는 열매 9개를 심었습니다.

이듬해(4년째)에는 어떻게 되었을까요?

봄에는 싹이 나고
가을에는 열매 18개가 생겼습니다.
겨울에 남자는 열매 17개를 심었습니다.

이듬해(5년째)에는 어떻게 되었을까요?

봄에는 싹이 나고

가을에는 열매가 열렸습니다.

겨울에 남자는 열매 1개를 구워 먹고, 나머지는 땅에 심었습니다.

열매를 모두 몇 개 심었을까요?

이듬해(6년째)
가을에는 많은 열매가 열렸습니다.
남자가 가을걷이로 정신없이 바쁠 때
지나가던 여자가 그를 거들어 주었습니다.
그 해에는 열매가 몇 개 열렸을까요?

남자와 여자는 열매 1개씩을 구워 먹고,
그 해 겨울 나머지 열매를 땅에 심었습니다.
몇 개를 심었을까요?

이듬해(7년째)

봄에는 싹이 나고

가을에는 열매가 주렁주렁 열렸습니다.

그 해 겨울, 남자와 여자는 행복한 결혼식을 올렸습니다.

결혼식에 온 다섯 사람에게 남자는 맛있는 열매를 2개씩 주었습니다.

그 중 1개는 선물로 준 것입니다.

남자와 여자도 다섯 사람과 함께 1개씩 먹었습니다.

그 해에는 곳간을 만들어 열매 16개를 넣어 두었습니다.

그리고 나머지는 땅에 심었습니다.

남자는 이제 게으름을 피울 수 없게 되었습니다.

그런데 열매는 몇 개나 심었을까요?

이듬해(8년째)
봄에는 많은 싹이 나고
가을에는 많은 열매가 열렸습니다.
열매가 너무 많이 늘어나서
곳간에 넣어 둔 열매까지 합해
60개를 시장에 팔러 갔습니다.

두 사람이 먹을 열매는 따로
1개씩 챙겨 두고
곳간에는 새로 34개를
넣어 두었습니다.

그리고 나머지 열매들은
모두 땅에 심었습니다.
그럼, 모두 몇 개를 심었을까요?

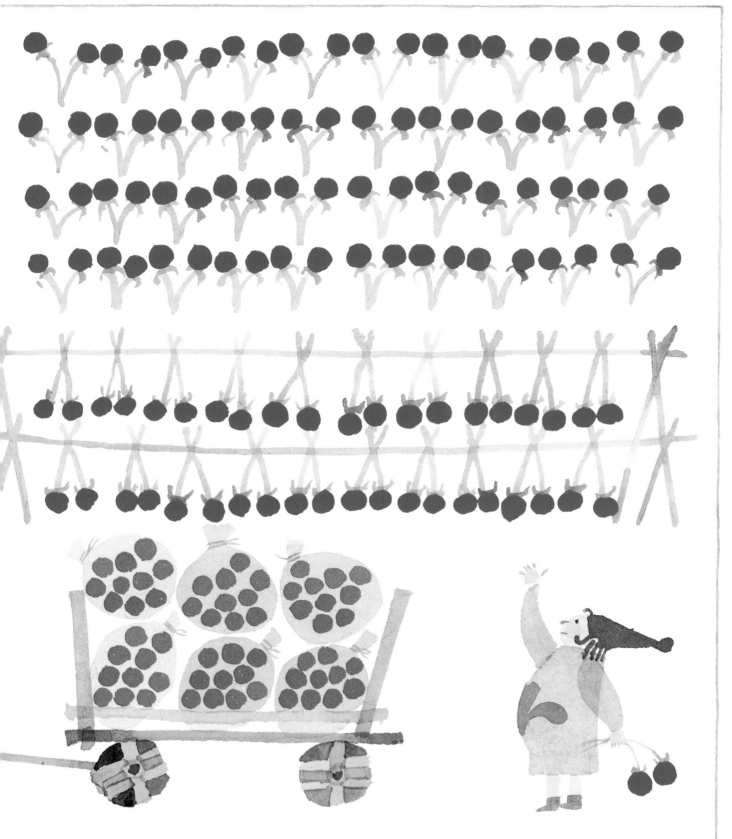

이듬해(9년째)
봄에는 수많은 새싹이 나고
가을에는 수많은 열매가 열렸습니다.

아기가 태어났습니다.
겨울에 세 사람은 열매를 1개씩 먹었습니다.
열매는 너무 많이 늘어났습니다.
그래서 곳간에 넣어 둔 열매까지 합해 100개를 시장에 팔러 갔습니다.
곳간에는 새로 거두어들인 열매 51개를 넣어 두었습니다.
나머지 열매는 모두 땅에 심었습니다. 땅에 심은 열매는 몇 개일까요?

이듬해(10년째)

가을이 되었습니다. 밭은 열매로 가득합니다.
아이도 많이 자랐고 집도 지었습니다.

이제 곧 가을걷이를 할 때입니다.

아, 바람이 약간 부는 것 같습니다.

그 바람은 폭풍우였습니다.
좋은 날씨가 몇 년 동안 계속되었는데…….
드디어 폭풍우가 몰려온 것입니다.
강물이 넘쳐 홍수가 났습니다.

남자는 집을 나무에 꽁꽁 묶고
소를 수레에 태웠습니다. 수레는 금방 배가 되었습니다.
아내는 아이를 꼭 껴안고 지붕으로 올라갔습니다.
남자는 신기한 열매 자루를 힘들게 나무에 묶었습니다.

얼마나 무시무시한 폭풍우이었는지,
바람은 나무를 이리저리 흔들었고 비를 마구 뿌렸습니다.
들판은 물에 잠겨 바다처럼 되었습니다.
밭에 심어 놓은 농작물과 작은 곳간이 몽땅 물에 쓸려가 버렸습니다.

마침내 무시무시한 폭풍우가 지나가고 날씨가 맑게 개었습니다.
하지만 폭풍우가 지나간 자리는 끔찍했습니다.
아내가 말했습니다.
"우리 아이가 무사해서 다행이에요."
남자가 말했습니다.
"그래, 정말 다행이야. 소도 무사하고 열매도 10개나 남아 있잖아.
자, 기운을 내자고."

세 사람은 남은 열매를 각각 1개씩 먹었습니다.
그리고 나머지 열매를 땅에 심었습니다.

"부디, 좋은 열매를 얻을 수 있기를……."
남자와 아내는 하느님께 기도 드렸습니다.

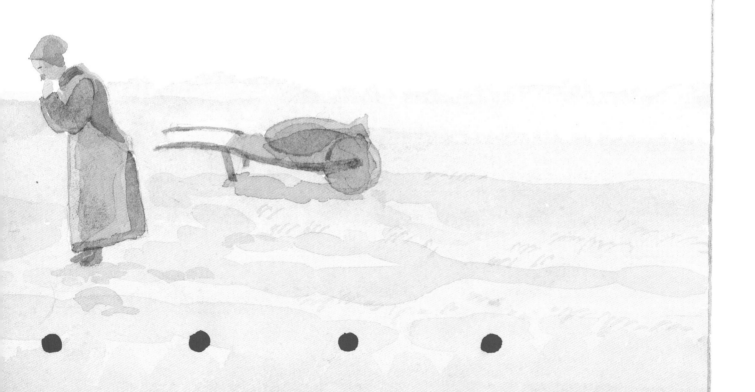

이 그림책 제목은 '신기한 열매' 입니다.

사실, 우리는 쌀 한 톨로 한 해를 버틸 수 없습니다. 하지만 쌀 한 톨을 심으면 두 톨뿐 아니라, 몇백 톨을 얻을 수 있죠. 곰곰이 생각해 보면, 그림책의 세계보다 현실 세계가 훨씬 더 신비롭습니다.

열매는 참으로 신비롭습니다. 열매는 모두 씨앗을 지니고 있습니다. 이 책에서처럼 열매이자 씨앗인 경우도 있지요. 열매를 심으면 싹이 트고 꽃이 피고 다시 열매가 열립니다. 그런데 그 힘은 어디에 숨어 있는 것일까요?

옛날 사람들은 그 신기한 열매를 땅에 심었습니다. 그리고 비료를 주기도 하고 해충과 새로부터 지켜주기도 했습니다. 또 비를 내려 달라고 하느님께 기도하기도 했습니다.

세월이 흘러 열매가 먹고 남을 만큼 많아지자 '상업' 이 발달하게 되었습니다. 그리고 '계산' 이라는 문명도 발달하게 되었습니다. 문명이 점점 더 발달하자 사람들은 서로 전쟁까지 벌이게 되었습니다.

이 그림책은 그다지 어려운 이야기가 아닙니다. 천천히 살펴보면 이 그림책의 구조는 우리가 살고 있는 현실 세계와 아주 비슷한 점이 많습니다. 그러므로 이 그림책과 현실 세계를 비교해 가면서 읽는다면 훨씬 더 재미있을 거라고 생각합니다.

—안노 미쓰마사

지은이 · 안노 미쓰마사

1926년 시마네 현 쓰와노에서 태어났다. 교사 생활을 한 뒤, 1968년『신기한 그림』을 발표하면서 작품활동을 시작했다. 유연한 상상력으로 예술, 과학 영역을 자유롭게 넘나드는 미쓰마사의 작품은 어린이부터 어른에 이르기까지 폭넓은 사랑을 받고 있다. 작품으로『어린이가 처음 만나는 수학 그림책』(전10권),『ABC의 책』,『あいうえお 책』,『여행 그림책 1, 2, 3, 4』, 『세어 보자』,『삼각형아, 안녕?』,『들꽃과 난쟁이들』,『요술쟁이의 모자』,『내 친구 돌머리 계산기』,『아름다운 수학과 집합』, 『공상 공방』,『사냥꾼 일기』,『안노 미쓰마사 대담과 로직의 시인들』,『미의 기하학』(공저),『산사어록(算私語錄)』,『영국의 마을』,『등잔과 물대포』,『마법사의 ABC』,『영일구의 영일이』,『없다 없다 까꿍 그림책』외 다수가 있다. 1984년 안데르센 상을 수상했으며, 그의 작품은 세계 여러 나라 언어로 번역 돼 출판되었다.

옮긴이 · 박정선

1964년 서울에서 태어났다. 오랫동안 어린이책을 써 왔으며, 현재 어린이책 전문기획실 햇살과나무꾼에서 기획실장으로 일하고 있다. 수학과 과학에 관심이 많아 틈틈이 그 분야의 그림책을 기획하고 있다. 지금까지『소리치자 가나다』,「아기 오감 그림책」시리즈,「과학의 씨앗」시리즈를 기획하고 집 하였으며,『지구 반대편까지 구멍을 뚫고 가 보자』,『즐거운 이사 놀이』,『식물과 함께 놀자』등을 우리말로 옮겼다.

감수 · 김성기

서울대학교 수학과를 졸업하고 같은 대학 대학원에서 박사학위를 받았다. 사단법인 대한 수학회 회장을 지냈으며 현재는 서울대학교 수리과학부 명예 교수로 재직하고 있다.

수학 그림동화 **3**

신기한 열매 안노 미쓰마사 글 · 그림 / 박정선 옮김 / 김성기 감수

1판 1쇄 펴냄 001년 2월 12일, 1판 30쇄 펴냄 2015년 12월 15일
펴낸이 박상희 펴낸곳 (주)비룡소 출판등록 1994. 3. 17. (제16-849호) 주소 06027 서울시 강남구 도산대로1길 62 강남출판문화센터 4층
전화 영업(통신판매) 02)515-2000(내선1) 팩스 02)515-2007 편집 02)3443-4318,9 홈페이지 www.bir.co.kr

ISBN 978-89-491-0074-6 74410 / ISBN 978-89-491-0077-7 (세트)